Julio M. Choza

COLECCIÓN DE POESÍA

De Estación En Estación

EAE Ediciones

Julio M. Choza. De Estación En Estación. Primera Edición. Venezuela. Editorial Alfonso Arena, F. P. Año: 2018.

94 pp. 15,24 cm x 22,86 cm.

© 2018. Julio M. Choza. Reservados todos los derechos.

Edición y Publicación: Editorial Alfonso Arena, F. P.
Sello Editorial: EAA Ediciones.
Diseño y Diagramación: Giuseppe M. Bastián.
Email: editorial@eaa.com.ve
http://www.eaa.com.ve/

HECHO EL DEPÓSITO DE LEY

ISBN: 978-980-7844-11-6
Depósito Legal: AR2018000018

Se prohíbe la modificación y reproducción, total o parcial del contenido de la obra, incluyendo imágenes o gráficos, por cualquier medio o procedimiento sin la autorización del titular de los derechos de autor.

DE ESTACIÓN EN ESTACIÓN

PREFACIO

Cada quien interpreta la vida de una manera distinta, muy pocos coincidimos. Quizás sea porque nos basamos en las experiencias vividas dentro de nuestra actividad diaria, o porque como dicen, cada cabeza es un mundo y pensamos diferente. Pero estas interpretaciones no son más que hipótesis, con el tiempo nos vamos dando cuenta de pequeños errores que se ocultan bajo la sombra de esos detalles que pocas veces notamos. Lo cierto es que nunca somos lo suficientemente sabios para considerar que la hipótesis debe consolidarse como teoría. Al menos, así lo pienso. Esta colección de poesía no es más que mi manera de comprender esos sentimientos que aparecen cuando vivimos intensamente un momento de la vida, la cual interpreto como un viaje, donde cada uno de esos momentos es un paisaje de nuestro largo recorrido. El objetivo de viajar, pues aún no lo comprendo bien, pero me baso en las palabras de un gran poeta como lo es Pablo Neruda, que nos dice que: "El amor de los que amamos es el fuego que alimenta la vida". Es entonces así que mi viaje lo hago con la idea de cumplir ese objetivo, tan irónico como utópico, y a la vez, tan susceptible como común.

Pues no tuve otra idea más que la de identificar mi viaje con el que se hace con un tren, cadena de sueños y deseos, como pasajeros en cada vagón, que se mueve a través de vías ya definidas por nuestras intenciones, las que nos harán alcanzar ese objetivo, que como una terminal lejana solo se alcanzará exitosamente cuando seamos expertos conductores de tan majestuoso transporte, talento para el cual requiere mayor esfuerzo la construcción de esas vías, porque insisto, son las que nos llevarán a ese éxito anhelado. Donde cada estación representa cada uno de los sentimientos que a menudo se confunden, y cada una de las emociones que toman control natural de nuestro cuerpo. Y cuando eso pasa, una sensación extraña amenaza tus pensamientos, como un paso de luz finita que ilumina las tinieblas del corazón donde se esconden nuestros más íntimos sentimientos, como la inevitable reacción de hacer pasar por la ventana nuestra voz ante la admiración que causa un paisaje exuberante.

Estimado lector, mediante la sencillez de mis palabras y la calidez de mis mensajes, intento mostrarte con esta colección de poemas mi interpretación de la vida, como una aventura, que no es más que una aglomeración de esas emociones que provocan esa sensación extraña que a menudo llamamos inspiración: mi búsqueda por ese amor de los que amamos, y como es de suponer, para encontrarlo se debe amar y para amar se debe conocer el sentimiento. Cabe destacar que dicho conocimiento me es escaso, dado que a mi edad es muy poco lo que he vivido. Pero como dice mi padre, Julio César Choza, en uno de sus libros: Chispas del alma, "todo hombre genera la necesidad de expresar algo, motivado por las circunstancias presentadas a lo largo de la vida". Me siento capaz de escribir sobre el amor, aunque mi concepto de él sea para algunos tan inocente como lo es para mí el de un niño.

EL BUFÓN TAMBIÉN LLORA

¡Oh! Reina, lloráis, y eso al palacio entristece,
las serranías del reino al oírte se estremecen.
Los pájaros ya no cantan, hace falta de su aliento
y el otoño se aproxima cuando aún no es su tiempo.

Reina mía no lloréis, que así todo es tristeza,
los niños ya no ríen porque llora también la princesa.
El cielo pierde su azul y en los bosques arde el Sol,
donde las abejas sufren porque caen flor tras flor.

Y si lloráis también llora el que usted menos piensa,
ese actor tan sencillo, para el que usted es su audiencia;
llora porque en sus actos él sólo ve su sonrisa,
llora porque al llorar usted su corazón se hace trizas.

Y si al llorar usted, la princesa también llora,
ese que menos importa, que ríe mientras labora
ve las cosas tan distintas, porque pintar de alegría
su rostro y el de su hija es lo que hace día a día.

Mas siendo así: que un cisne vale más que él
la quiere por su sonrisa, esa es su razón de ser;
gusta de lo que hace, triste no podría vivir
y está aquí en nombre del reino para hacerla reír.

Tu recuerdo

Tu recuerdo vino a buscarme, tocó la puerta con vergüenza,
pidió permiso para entrar y sentarse en mis pensamientos.
¡Tu recuerdo insiste a veces! Me visita con frecuencia,
comparto siempre con el buenos y malos momentos.

Es tan mágico que a veces siento que toca mi cara,
intento besar su cuerpo y lo que beso es el viento.
Como un ángel me recoge y con sus alas me ampara,
se anticipa a mis caídas y sabe lo que presiento.

Hoy dejé la puerta abierta, lo necesito conmigo,
me siento esclavo del presente y también del sufrimiento;
quiero que libere mis sueños, mis sueños de estar contigo,
siento algo inmenso por ti y tú no sabes que lo siento.

Quisiera poder escucharle; poder escuchar tu risa,
es un dibujo de tu rostro que se esfuma con el tiempo,
tu recuerdo es tu mirada, tu presencia que con prisa
me hace subir al cielo y olvidarme del firmamento.

Y aunque algún día ya no viniera y por ello muera de pena,
seré yo quien le busque volviendo a leer ese cuento
donde le tengo guardado, donde tu voz no es ajena,
donde tu risa hoy perdida sonará en mis sentimientos.

INALCANZABLE

Pintando una ilusión con el color de la fantasía,
ese carisma tuyo, que creciendo día con día
ha tocado mi corazón, ha invadido mi pensamiento,
ha creado en mi la duda de saber qué es lo que siento.

Mi ansiedad de hablar contigo se hace constante
y en mis sueños yo deseo verte a cada instante
pero soy un vago sin rumbo que no sabe a dónde va
haciéndome la pregunta de que si esto te gustará.

Un detalle de princesa esos ojos te lo dan
los dotes de una reina, en todo tu ser están,
pero no ha sido tu belleza, sino tu forma de ser,
lo que ha inspirado en mí estas ganas de querer.

¡Aquí estoy! Como un pañuelo si quieres llorar,
como un abrigo al frío que te puede calentar;
este que sueña contigo sobre el amor de verdad
algo que no conozco, pero algo más que amistad.

Amigas como tu son las que soñé tener
pues me fijo bien en ti, lo más lindo puedo ver
mi corazón me dice que eres imagen de afecto
mis ojos vieron en ti un único defecto:

Que eres demasiado bella y por eso inalcanzable.

MIS NOCHES SIN TI

Cuando en lo oscuro yo siento el vacío en mi cama
y mi mente imagina tus labios en mi boca
cuando mi cuerpo no te encuentra aun cuando más te llama
cuando soy sorprendido por el frío, y la necesidad provoca.

Es cuando yo siento que a mi vida le haces falta,
pero se confunde el deseo con el sentimiento;
enciendo la luz: y en tu foto la belleza se exalta
me pregunto si te amo y el responderlo intento.

Dejo el cuarto, para tratar de olvidarme de ti
y en la sala pienso ver la tele, y el sillón que espera
trae a mi mente de nuevo el momento en que tu ahí
sentadita a mi lado me juraste una vida entera.

Más ¿cómo pude dudarlo?; si yo no te amase
no te tendría en mi mente y ya te hubiera olvidado
más no es una obsesión, sino al verte resultase
que de algún modo haría que estuvieras a mi lado.

Porque te respeto hoy, y te admiro más que todo
porque agradezco siempre tus momentos a mi vera
este momento es tan sólo de necesitarte otro modo
no sólo son mis noches sin ti, también mis días de espera.

AQUELLA ÚLTIMA PROMESA

Estuve caminando y noté las calles vacías,
los espacios que contigo fueron chicos me parecieron inmensos;
no es lo mismo sin ti a mi lado, sin tus manos en las mías,
contigo el tiempo corría, mis días sin ti son extensos.

E intente ir haciendo de cuenta que nunca te he conocido,
por un momento pensé lograrlo, pero el corazón no cedía;
y al ir en busca de nuevos rostros pidiéndole ayuda a Cupido,
en cada "adiós" que escuchaba era tu voz la que oía.

Levante mis ojos, y en el cielo las estrellas me pedían
que mostrara más orgullo, que mostrara más cordura,
y es que entre tanto frio lo que yo ya no sabia
era que poco a poco iba rayando en la locura.

"Eso pasa cuando hiere tu corazón una dama"
fue lo que respondí intentando dar una excusa
*"Aún" recuerdo sus labios y cuando duermo en su cama
no hago más que respirar el perfume que ella usa...*

*Aún pasa por mi mente aquella última promesa,
aquella pregunta necia que ella me hizo un día;
sé que la ha olvidado, sé que ya no le interesa,
que ingenuo fui al decirle que por siempre la amaría"*

CREPÚSCULO DE LA VIDA

El crepúsculo os anuncia que es la hora de marcharse,
mi adiós aún se amarra a mis deseos de abrazarte
y poder parar el tiempo para que pueda quedarse,
tu susurro cariñoso junto a mis ganas de amarte.

Sin embargo, el tiempo rige la medida de la vida
y pararlo a él sería buscar la eternidad;
sería parar al mundo, y a la vez tomar noche o día,
elegir por la luz divina u optar por la oscuridad.

Que pase ahora o nunca, la muerte llegará
y el destino al final os dice que te tienes que marchar.
¡Tú crepúsculo está aquí! Y la luz se acabará,
el tiempo sigue corriendo. ¡No os dejes atrapar!

Y en el peor momento clausura y una víspera establece,
donde todo lo transcurrido pasa por el borrador;
y el destino me prepara el umbral del dolor, que aparece
de lo que queda de la respuesta para anular el amor.

Y es así que puedes verme paciente o desesperado
buscando fuerzas inéditas que el llanto amerita;
donde el astro de tu corazón que siempre ha suscitado
hoy no es más que supernova, corazón que no palpita.

Y es el adiós radical en la vida de este ser
que siempre quiso haceros feliz, pero no bastó el querer.

APARECISTE TAN PRONTO

Sé que tocaste a mi puerta, pero yo no te escuchaba
sé que gritaste mi nombre, sé que me llamabas
tú supiste de las tormentas que poco a poco me ahogaban
yo no supe ver a tus brazos y tu calor ignoraba;
fui terco y no entendía que te necesitaba
que en medio de mis diluvios tú eras el sol que aguardaba
tras aquellas nubes negras que a mis ojos cegaban
¡es que no podía! Todo era oscuro y no te miraba
me faltó fe, creer en ti, tan solo eso y bastaba;
quise reír, pero mis ojos lloraban
quise ver la luz, pero no la encontraba
eras tú la luciérnaga que cerca de mí volaba
con un brillo natural que nunca se acababa
que sin embargo mi corazón vacío opacaba;
¡es que no sabía! No sabía que ahí estabas
no conocía el amor, porque siempre lo evitaba
actuaba con odio y rencor, más me equivocaba
porque llegue a comprender que sin amor todo acaba,
pero tarde comprendí, y es que aún no te esperaba.
Apareciste tan pronto, cuando aún te ignoraba,
pero apareciste a tiempo, me hiciste saber que te amaba
hoy te llamo para decirte que si te necesitaba
que el odio en mi corazón tan solo estorbaba
que para decir un: "te quiero", solo tú me inspirabas.

Sin corazón

Puedes pisotearme, es lo que mejor sabes hacer
hiciste de mí una marioneta que utilizas a placer,
y si te llamo me ignoras, no soy más que un objeto
soy para ti un miserable que no merece respeto.

Que soy idiota, así dicen porque bien intento hacerte
porque a pesar de que lo exiges, siempre quiero complacerte,
se ríen de mí y admiran lo buena que sos al mentirme,
pero antes de que llegaras, yo ya había pensado en irme.

Parece a primera vista que tu belleza es perfecta,
que por tu cara tu nombre se escribe en líneas rectas,
tienes de todo un poco en la medida adecuada
aunque por dentro parece que no tuvieras nada.

Lo que me duele es que juras que yo me muero por vos
y si de ti dependiera, no sabría lo que es el amor,
tú no sabes corresponder otra cosa que no sea odio,
es tiempo de darle a mi vida un nuevo y feliz episodio.

Es obvio que tengo mucho que tu debas envidiarme,
es algo que nunca has tenido y que jamás podrás quitarme;
quizás Dios ha tenido tanto trabajo en la creación
que pudo haber olvidado regalarte un corazón.

COMA

Reposa en tus brazos, ayer abiertos, esperando un abrazo,
una señal de cariño, mientras se ahogaba tu mirada,
una ilusión aguardando, como una noche, tras el ocaso,
tras la puerta del corazón, que se ha quedado cerrada.

Reposa, espera y aguarda. No ha visto la luz del día.
Quizás sueñe eternamente una historia de cenicienta,
quizás aún no ha llegado el final feliz de sus fantasías,
no es preciso despertarle. Aún sueña, busca, aún intenta.

Se extraña aquella infancia y pasa su vida por su mente
busca solo una respuesta, una razón para seguir,
y aunque no lo parece, su corazón aún late, su alma está presente
y sigue esperando un abrazo, aunque lo veas dormir.

Deja que mi abrazo fluya y hazlo sentir en tu corazón,
yo conozco cada intención de tu sueño prolongado,
déjame ser el amigo que necesitas e invéntate esa razón,
yo seré la inspiración y aquel cariño esperado.

Aún reposa en tus brazos, aunque hoy parezcan sin vida
esa ilusión que quisiste olvidar cuando el mundo te hizo a un lado.
Piensa en mí y recuerda que a Dios de manera atrevida
le pido perdone tu error que te ha puesto en ese estado.

SI FUESE POSIBLE

Si fuese posible, te daría la primavera
para que cuando despiertes siempre veas una flor
si fuese posible, borraría las fronteras
para que todos los países sean testigos de este amor.

Si fuese posible, con un dedo el sol taparía
para ver resplandecer entre todo, tu belleza
si fuese posible, llevarte al cielo intentaría
y complacerte en todo, y bañarte de riquezas.

Recorrería el universo dibujando estrellas
que escriban tu nombre para leerlo en el cielo
si fuese posible, pasaría mis noches en vela
para cuidarte los sueños, como mi más grande anhelo.

Navegaría y buscaría por todos los mares
la perla más hermosa que nunca se haya visto
y si fuese posible, haría mil collares
con millones de ésas, para que veas que existo.

Si todo fuese posible, aún sería increíble
sabiendo que es tan difícil robarte un beso
al verte otra vez, me parece todo imposible
¡si fuese posible olvidarte! Pues rechazas todo eso.

CON EL CORAZÓN EN MIS MANOS

El aroma del atardecer me ha recordado una sonrisa
la que se apoderó de cada uno de mis sentimientos
que hace tiempo ya no veo, y me urge a toda prisa
poder dibujarla en ti, en el mejor momento.

Son noches incontables con los mismos pensamientos
son noches de alegría imaginándote en mis sueños
son noches de una duda por saber qué es lo que siento
sólo créeme esta vez que mi corazón te enseño.

Un corazón que ahora, se atreve a renunciar
porque quiso ver las estrellas, pero estaba bajo techo
algo que él se inventó, ahora me pone a llorar
por algo que él mismo se ha hecho: una herida en el pecho.

Hazme cualquier castigo, pero olvidarte no quiero
ahora que sé que te quiero, que aprendí a quererte
y ahora en tus pensamientos: o vivo o muero
cuando leas mis sentimientos y me arriesgue a perderte.

Preciosa doncella mía, este es tan solo mi cuento
donde solo puedo verte y quererte en mi interior
y conozco una palabra que define lo que siento.
otra noche imaginándote, declarándote mi "amor".

AQUÍ ESTARÉ EN TU ESPERA

Aunque el sol queme los labios con los que despedí tu boca
y el silencio se interponga en mis momentos de alegría
estará la brisa leve de las que le recordar provoca
estará tu voz repitiéndome un: "te quiero" día con día

Aunque el viento con su fuerza se lleve las palabras
con las que expreso que te amo y aún te necesito
estarán tus recuerdos en una caja, que cuando abra
me haga imaginarte en cada estrella del infinito.

Aquí estaré en tu espera, aunque en las noches
por causa del frío en mi llanto la fe se derroche
y el cansancio gane esta batalla y se acaben mis ganas.

Aquí estaré en tu espera, aunque llegue un final
porque aun, tomo en cuenta aquella promesa leal
que un día hiciste, aunque siempre sea para mañana.

TE AMO

Tanto he querido ver la lluvia contigo
con mis brazos ansiosos de ofrecerte abrigo
repitiendo que te quiero por cada gota que cae
disfrutando de tus ojos que con ternura me invaden.

Esperando largos ratos para poder verte
alegría única y pura, producto del quererte
añorando esos besitos que sonrojan mi mejilla
pidiéndole a Dios la suerte de ayudarte día con día.

A veces mi consuelo es recibir una sonrisa
o sentir de tu pelo húmedo la más tierna brisa
a veces solo quiero demostrarte que te quiero
y que correspondas mi cariño es lo que siempre espero.

Mi corazón te pide, de la manera más sencilla
que cesan esas lágrimas, que corran mejor las mías
mi tristeza sólo cesa viendo tu felicidad
mi amargura es ternura si tengo tu amistad.

Olvido mi timidez, para estar a tu lado
quiero ser alguien en tu vida, estoy desesperado
y aunque aprendí que para amar no hay prisa, el amor espera
me cuesta creer que el amor sincero, triunfa donde quiera.

Hasta pronto

Hasta pronto he de decirte, pues no me quedan bien
eso de despedidas tristes, te vas, que voy a hacer
prefiero evitar el adiós, pues formas de decirlos hay cien
no creas que marchándote harás que te deje de querer.

evitemos hacerlo largo, debes irte, tienes tu horario
discúlpame si no te gusta la simplicidad de mi despedida
no creas que no te necesito, porque eso ocurre a diario
y no creas que no me duele, va que tengo el alma herida.

Quiero que sepas que siempre esperare en mi casa
jamás olvidare lo que aprendí de esta nuestra relación
disponible por siempre si necesitas, en eso se basa,
y aunque aparezca otra, será tuyo mi corazón.

De veras no sé si me quieres, pero guardare esperanzas
y a tu lejanía, en sueños, jugaré que tú me amas
que oídos escuchan, cuando mi voz te alcanza
cuando a gritos y alaridos mi interior te llama.

No importa si no has escuchado, además es tarde
mira a tu alrededor, vacío, solo somos los dos,
a mi espalda has dicho que no volverás, pero eres cobarde,
y entenderás entonces porque mi hasta pronto y no mi adiós.

ERRORES

He navegado por mares desatándose en tormentas
que he sabido enfrentar sin complicaciones
he naufragado también ¡sin miedo todo enfrentas!
Pero si él te encuentra, se interponen errores.

Y aprender de esos momentos me ha sido en vano
porque siempre había pensado que nunca iba a caer
hoy solo fue una herida, que yo hice con mis manos
un error inesperado que atormenta a mi ser.

Golpes de la vida que te hacen entender
que eres vulnerable, siempre a tropezar
de un error quizás se pueda aprender,
pero siempre habrá uno nuevo que te hace fallar.

Pero el error que siempre te prepara una caída
es el miedo que da al enfrentar los problemas
un error que es difícil pero evitable en la vida
para una mejor táctica, debe haber mejor esquema.

Mi miedo era decirte lo que por ella sentía
que la razón de mis actos era su sonrisa
nunca pude darme cuenta del error que cometía
la ilusión que he perdido el corazón ha hecho trizas.

TODO LO QUE TENGO

Tengo en mis sueños tu rostro y mucho tengo con eso
tengo deseos de verte para poderte expresar
que tengo en mi corazón un vacío, que bien puedes ocupar
tengo una oferta de amor acompañada de versos.

Tengo el afán de estudiar la dulzura de tu mirada
tengo el mejor pasatiempo, pensar en tu cara tan bella
y tengo el trabajo en el cual puedo contar las estrellas
de la manera que en ellas yo vea, tu sonrisa dibujada.

Tengo también el deseo de poder algún día decir
que no hay razón para ver en qué no me puedes gustar
que no hay razón para no decir, que yo te quiero amar
pues tengo la gran ilusión de que nada lo puede impedir.

Tengo un cielo en plena aurora para que puedas volar
inaugurando un nuevo día en que se estrene el amor
que guarda en lo más profundo de este terco corazón
porque yo sé que amando se disfruta la libertad.

Y con eso tengo mucho, aunque no lo pienses así
dime que más necesito si esto me hace feliz
es un paisaje de amor, imposible pintarlo en gris
es todo lo que tengo ¿qué más quieres de mí?

NUESTRO JUEGO

Rompiste los esquemas de mi táctica ofensiva,
me hiciste lucir mal poniéndome a la defensiva,
tu estrategia se basó en un juego mal intencionado
y estableciste dominio haciendo mi ego a un lado.

Hoy mi orgullo está en el piso, abatido y destrozado,
e intento levantar la frente de mi rostro diezmado;
nunca pensé en la derrota que tú me propinaste,
aunque me niego a aceptarlo, siento que me ganaste.

Fue una partida en la cual nos jugamos los sentimientos,
donde fui perdiendo el control y dudé en mis pensamientos,
me fui perdiendo en tu magia y me tomaste ventaja
la belleza de tus ojos fue tu "as" en la baraja.

Yo que nunca había caído en provocaciones contrarias,
te basaste en la ausencia de medidas arbitrarias
me contagie de la pasión de tu dulzura encantada,
jugué en contra de mi orgullo y me diste la estocada.

Duele saber que al final me quedo la peor parte
de un juego que yo invente, al intentar conquistarte,
quise jugarlo contigo, pero me he equivocado,
en mis planes nunca estuvo terminar enamorado.

ÁNGEL, LA QUIERO, PERO DE AMOR NO SE

Ángel de mi guarda, ¿acaso sabes de amor?
Es que la vi de nuevo, pero esta vez el corazón
aceleró sus latidos, y el frío venció mi calor
y temblaba ¿hay sentido en mi explicación?

Me sentí como el sol cuando la luna se acerca:
¡con ganas de acercármele y sin poder hacerlo!
Miré entre ella y yo un mar, aunque estaba cerca
y quise ver su rostro de nuevo, mas no pude verlo.

Ella protagoniza el más lindo de mis sueños
ella robó en mí el privilegio del pensamiento
quiero que ella me mire, entre grandes y pequeños
¿acaso ángel tú sabes lo que yo estoy sintiendo?

En mis sueños la confundo con la niña que me besa
lástima que es un sueño, con ella no pasa nada.
Ángel, tú la conoces ¡ella es toda una princesa!
Que robó mi corazón, escribiendo un cuento de hadas.

Si veo en su sonrisa la respuesta a los problemas,
si veo sus ojos y en ellos resplandecer una estrella,
si veo en su actitud una llama de pasión que no quema
dime, porqué no he de quererla, si ella es bella.

Dada tu indiferencia

Se te nota indiferencia, indiferencia conmigo
se ve como las dudas van nublando tu mirada
a la larga tú conoces mis sentimientos contigo
quizás siempre así ha sido, pero estas desconcertada.

Tengo un límite, que es como el horizonte, lejano he inalcanzable
y más allá tu corazón, y mi sueño de conquistarlo
y mientras juego con alcanzarlo, cosa que es inevitable
mientras dependa de mí, no intentare rebasarlo.

Tu indiferencia es tan dura, que me presiona expresarte
que si te quiero a mi lado, que si te quiero en mi vida
tomando un espacio en mi corazón, el cual pienso dejarte
no es precisamente como algo más que una amiga.

Y si quieres platicarme, sobre tu pasado o tu presente
no dudes en hacerlo, que como amigo te escucho
no me temas por lo que siento, pido disculpas si así te sientes
o si alguna ve pedí algo, y ese algo fue mucho.

Intentando no ser molesto, vuelvo y te ofrezco ese espacio
que con sólo decir: ¡hola!, sin querer has reservado
y cuidando ese límite, mientras camino despacio
vuelvo y te ofrezco la amistad que habías olvidado.

No fue esa mi intención

Si el viento no callara y me hablara al oído
me contara lo que hace cuando menos pienso en ella
evitaría el pasarme tan solo y aturdido
evitaría malos pasos, limpiaría sus estrellas.

Mi intención fue intentarlo y no fallarlo
creí que ya era mía y solo faltaba el sello,
no sé porque razón el viento pude tomarlo
más recibo un "no" y no dejo de pensar en ello.

Sé que para ella es fácil decir esa palabra
pero en mi toda mi alma tiene que aceptarla
ahora la veo callada y no sé si así me habla
se equivoca si por mí la amistad debe terminarla.

Mi propuesta solo pedía un poquito más
y ahora resulta que lo estoy perdiendo todo
no sé si está feliz, no sé lo que tendrá
no sé porque me trata ahora de otro modo.

Espero que me entienda y deje eso atrás
que comprenda que me hace falta su amistad
ahora la veo partir y no sé adónde irá
quise amor y compañía, y me quedó la soledad.

SÉ QUE ME NECESITAS

Tus gemidos lejanos los siento en mi interior
se sienten espinas que provocan dolor;
tus ojos los veo cuando en las noches te pienso,
sé que te hago falta porque el frío es inmenso.

En el amanecer siento que tu aire está aquí,
tu respiración la siento mía, pero no es así
más sé que deseas respirar de mi aire
más veo mi cama y me llevo un desaire.

No basta engañarme con creer que me necesitas,
que tu corazón por mi vive, que por mi voz palpita
si me doy cuenta que yo soy el que estoy muriendo
si recuerdo que vivo, cuando estas sonriendo.

A muchas chicas veo, pero busco tu sonrisa
recuerdo que aún te amo cuando llega la brisa
me niego a aceptarlo, pero ya he caído
esto no es fácil, así… ¿Cuándo te olvido?

Sé que me necesitas, cuando de pronto oscurece
sé que me necesitas y que tu orgullo decrece
sé que te necesito, lo sé porque lo siento
y el haberte perdido es mi mayor lamento.

QUIERO TENERTE CERCA

Quiero tenerte cerca
para poderte expresar
que no será la distancia
la que nos pueda separar.

Pudimos vencer otros retos
más duros aún todavía,
precisamente la timidez
de aquellos primeros días.

Quiero tenerte cerca
y que luego ya no te vayas
no quiero que pierdan mis labios
lo que tus besos ensayan.

Olvidemos los malos ratos
llenos de discusión
porque, aunque se hagan presente
no te irás de mi corazón.

Quiero tenerte cerca
para decirte al oído
que no me importa lo que pase
siempre estaremos unidos.

GOTAS DE LLUVIA Y PIEDRAS EN EL CAMINO

Como una gota de lluvia, pasa mi amor y no lo miras
porque entre tantas gotas tú no lo puedes sentir
si supieras que eres el aire que mi nariz respira
y cuando me haces falta siento que voy a morir.

Es mi amor como una piedra, que en el camino te espera
pero entre tantas que miras no lo puedes distinguir
si supieras que te quiero y aunque así no lo quiera
el que manda es el corazón y no lo puedo impedir.

Si supieras que pensarte es mi mejor pasatiempo
y que en mis sueños no faltas porque sueño contigo
si tus ojos se fijaran en mí y mis sentimientos
quizás podrían narrarse distinta tu historia conmigo.

Porque desde que te vi mi corazón por ti palpita
que por haberte conocido le debo mucho al destino
quizás sea que mi amor está entre las cosas que evitas
como las gotas de lluvia y las piedras en el camino.

ELLA NO LO DICE, SU CORAZÓN LO HACE

Amiga, tú sabes que la quiero tanto… Tanto…
Tanto que no puedo… No puedo hacerla sufrir;
amo verla reír, lloro si escucho su llanto,
es mi vida y por lo tanto, quiero mirarla feliz.

He dado todo por ella, pero he sido ingenuo al respecto
y es que hace mucho tiempo ya no la veo sonriendo,
sé que ella pide algo que no requiere mi afecto,
y aunque ella no lo ha dicho, su corazón lo está haciendo.

Amiga, fiel amiga mía… Si mío fuera su corazón,
pero es tan inalcanzable como lo es cada estrella,
nunca supe de su amor, quizás nunca existió
quizás nunca la tuve y no debí luchar por ella.

Debo ser yo quien le diga, que ya no puedo seguir
que el lazo que nos unía hace mucho se rompió
es lo mejor para ella, quizás no lo es para mi
pero si la veo feliz podré sentirme mejor.

Amiga tú sabes que me duele tanto… Tanto
tanto que no quisiera… No quisiera dejarla partir
tú eres testigo de este amor, que se convierte en llanto
y que en cada lágrima mía has podido verlo morir.

ENAMORADO DE UNA ESTRELLA

No debo preguntarme el porqué me encanta el cielo
lo admiro todas las noches hay algo que yo anhelo
se ve a un solo color, pero es difícil pintarlo
me es difícil alcanzarlo, pero fácil intentarlo.

No sé, siento que me habla y me llama la atención
se interna a mis sentimientos, toca mi corazón
no necesito palabras, ni frases para hablarle
me basta apartar al techo y con mis ojos mirarle

Me dibuja con su brillo tu presencia, aunque no estés
me da ratitos de alegría, me libera del estrés
me recuerda tu mirada en parpadeos continuos
y con estrellas amigas, tu rostro tan divino.

Para otros es aburrido, para mí lo más divertido
acostarme sobre el césped, sonreír correspondido
comparaciones de ropa, de gustos o de canciones
platicas muy sencillas que no tienen explicaciones

Quizás ya este loco, quizás sea por tu ausencia
pero mis ojos en el cielo siempre te presencian
quizás es mejor así, admirar la cosa más bella
enamorado de ti, enamorado de una estrella.

SIMPLE RELACIÓN

De tus ojos a mis ojos escribíamos historias
eras orgullosa y me negabas la mirada
se había reservado un especio en tu memoria
para que en tu mente esta voz quedase sellada.

Sé que como yo escuchabas palabras calladas
que te inclinan hacia mí, a mis motivos
canciones con músicas que vienen de la nada
que se internan lento en lo profundo de tus oídos.

Pláticas que marcaban el nuevo camino
sonrisas que se enlazaban con íntima devoción
cambiando quizás los planes de nuestros destinos
de una fuerza natural, una simple relación.

Perdiste un admirador, ganaste un compañero
perdiste el dulce frío, ganaste un nuevo calor
perdiste una ilusión, ganaste algo sincero
perdiste un gran amigo, ganaste un gran amor.

MURIÓ MI ESTRELLA

Una noche constelada me fingía alegría,
cuando vi brillar más a la siempre estrella mía,
mi inocencia creía que mostraba su emoción
mientras los astrónomos veían solo la explosión.

Fueron muchos los días que llevaron mi engaño
jamás creí que mi estrella sufriera algún daño
pues se acababan los días de este admirador
pues jamás pensé en despedida, sin adiós fue peor.

Moria mi estrella, era su triste agonía
pasaron otros días, yo engañado todavía
miraba que el cielo me negaba su vista
las nubes no aclaraban que la estrella ya no exista.

La lluvia de repente no era buena señal
y aquí dentro me decían, que todo iba muy mal
jamás presencié como su luz ya se borraba
mi mente aún dudaba, pero mi alma lloraba,

Llegó el momento en que el cielo por fin se mostrara
y que el vacío en el cielo mis ojos presenciaran
solo era negro el lugar donde ella descansaba
y a mi mirada su espíritu muy lejos vagaba.

Uno más de tus amigos

Compraba ilusiones vagas que jamás tuvieron rumbo
el silencio de mi boca entre palabras de amargura
más importancia lo que la gente decía tuvo
que unir este silencio con lo inmenso de tu ternura.

Quise a veces por capricho manejarte a mi gusto
momentos de palabras tontas dibujaban mi cariño
tu desprecio y tu juego quizás fueron algo justo
pero sentí mucha alegría al haber sido tu niño.

Quise que el tiempo parara cuando estábamos juntos
más yo solo me engañaba y no aceptaba el sentimiento
quizás tenga razón en mucho de estos puntos
ya que lo mío nunca fue decirte lo que siento.
Fui un tonto caprichoso que a veces te humillaba
quise ver las estrellas y de mi aumentar los años
mientras en tu casa, solos, el sentimiento me hablaba
cuando había compañía era juguete de mi engaño.

Quizás un adiós baste para despedir esta ilusión
quizás me pierda en las nubes y ya no la tenga conmigo
sé, que sin embargo disfrutaré de tu corazón
tomando un lugar en el como uno más de tus amigos.

MI AMOR FUE COMO MARIPOSA

Mi amor fue como mariposa que tiene en mente
volar por tantos lugares, disfrutar de cada flor,
pero la vida que le espera no le es suficiente
y sólo es un sueño sin cumplirse, así fue mi amor.

Como todo comienzo, como todo cuento de hadas
la mariposa emprende su viaje llena de alegría,
y vive momentos tan lindos, y no le falta nada
hasta entonces el paso del tiempo se convierte en agonía.

Mariposa que en flor alguna se llena de esperanza
que da todo por reír: da su vida,
sin embargo, para ser feliz su vida no le alcanza
y es el tiempo que con su paso le abre heridas.

Mariposa que se encuentra con su fin tan pronto,
cuando cree que es feliz y que lo ha sido
porque no le basta su vida, cuyo tiempo loco y tonto
acaba poco a poco con sus sueños, con todo lo vivido.

Mi amor fue como mariposa: ¡Vivió muy poco!
Y en contraste me quedó un duro sufrimiento
un amor que se acababa con el tiempo, que es un loco
pasa y no sabe lo que se lleva, ni lo que trae, así es el tiempo.

LA MÁS LINDA POESÍA

Tienes el rostro más lindo, empezando por tu sonrisa
y si hablamos de tus ojos no podríamos parar,
o la magia de tus labios, que pocas veces y con prisa
hacen aparecer la voz más linda que he podido escuchar.

Te pareces mucho a un ángel, cuando te veo sonreír
y me haces ver al amor: entre tus ojos está
hay tantas cosas inciertas ocultas dentro de ti,
tu misterio es de sirena, que nunca sale del mar.

Con esa sonrisa de ángel, que entre tus labios se dibuja
con esa mirada profunda que acaricia mi mirar
con esa voz de sirena, que se encierra en burbujas
que inspiran en mí el inevitable intento de poderlas alcanzar.

Sonríes y sonriendo, llenas de música mi vida
y si me miras a los ojos me iluminas y me guías
más si me hablas al menos por un segundo en el día
le haces oír a mis oídos la más linda poesía.

Quiero un espacio más grande en el corazón

Tersa música que llena mi alma viniendo junto al aroma
de rosa fresca en la aurora desprendiendo un rocío especial
y mis oídos llevados por el sonido de sus notas
piden tímidamente de sus labios oír cantar.

Su sonrisa siempre avisa con especial dulzura,
cual colibrí sediento que encuentra la margarita,
la palabra adornada con estrellas escarcha y pintura
que activa en mi mente la cámara que captura su cara bonita.

Sus pestañas tan hermosas me invitan sólo a mirarla
y ver un detalle precioso de la pureza de Dios,
que en su amor maravilloso ha querido así crearla
y a mí me hizo tierno testigo de tan hermoso don.

Y en lo profundo de su mirada, tan profunda como el mar
descubro sus sentimientos y sus sueños de princesa,
puedo perderme un momento y después no querer regresar
pues con tan sólo mirarme siento que el alma me besa.

Inspira en mi un aprecio de tan basta elongación
que no cabe en mí el sentimiento por tan sólo poco tiempo.
¡Dótame Dios de un espacio más grande en el corazón
para que pueda alcanzar lo que por ella siento!

NO VI LLEGAR

No vi llegar este momento, no me lo esperaba,
sólo pensaba en fugarme de mi mundo fantasioso.
Los espacios se abrían como capullo en madrugada,
mientras justificaba esfuerzos con momentos hermosos.

Vi correr todos mis sueños cual estampida furiosa
y estrellarse en un muro cargado de lamentos,
más hoy me sirve tanta historia de inevitable sufrimiento,
para poderme restaurar en nueva vida frondosa.

Es difícil, y aunque duele, seguiré yendo adelante,
pues mi lucha no termina en tan funesto resultado.
Soy guerrero, no me rindo, mi destino es ser triunfante,
y si aún no grito victoria es que no era momento adecuado.

Amo mi estilo, pues en mi combate soy sincero.
No tengo doblez, metamorfosis no permito,
que me intente moldear a cuál gusto del primero
que quiera hacerme cambiar por un absurdo capricho.

No vi llegar este lapso, pero sonrío al vivirlo,
y esta vez puedo jurar que auténtica es mi sonrisa,
revestido con fortaleza y animado por la brisa
voy a luchar para corregir el error y no volver a sufrirlo.

AZUCENA MÍA

Qué hermosa eres, azucena mía, la más bonita entre todas,
la flor entre las flores que yo soñé en mi jardín.
Fue cuando asomaba el invierno, en el tiempo de la poda
cuando el deleite llegó a mis ojos, ¡cuando te conocí!

Fue misterioso el impulso que me llevó a encontrarte,
estaban cerrados mis ojos, vi llegar luz y los abrí:
era el reflejo de la aurora, que me animaba a buscarte,
pues a tus pétalos había ido, y ellos la enviaron a mí.

De lejos te contemplaba encantado por tu belleza,
en mi corazón se fraguaba el deseo de estar a tu lado;
un dulce calor me envolvió, y con tanta delicadeza
disipó el frío de mi timidez, arrancó mi temor arraigado.

¡Qué agradable ha sido el camino! ¡Qué agradable ha sido mi espera!
En cuanto más me acercaba, más preciosa te mostrabas:
eres blanca, princesa mía, radiante como una estrella,
azucena mía, la flor entre las flores, la que yo anhelaba.

Ahora que estás conmigo, mi jardín se ha embellecido,
eres música para mi alma, compañera de camino.
Buscamos el mismo destino, y mientras esté contigo
pondré el agua para cuidarte, para que el Sol la transforme en vino.

NOCHE INJUSTA

Esta noche ha sido injusta, me ha dejado pensativo...
Mi corazón deseaba que todo se prolongara:
el tiempo, el espacio, sus besos adictivos,
no era justo, sin duda alguna, que el momento terminara.

Han pasado, horas tontas, y ni siquiera preguntaron,
yo que empezaba a creer que lo eterno se tocaba.
Estaba tan extasiado, sus palabras me alumbraron,
y la luz que hubo en mi alma mi existencia la llenaba.

Ahora dime, si es posible repetir lo que hoy viví,
vamos, no me dejes aferrado a una añoranza...
Sé que volveré a verla, y en sus labios de rubí
dejaré todos mis besos ensanchando mi esperanza.

Pero hoy, hoy fue tan lindo, que no era justo que acabara.
Esto fue tan especial que debió ser un final,
con esa sonrisa admirable y su forma de amar tan rara,
me hacía salir de este mundo que se vio tan irreal.

Pero noche, me la has quitado, ella se ha ido a dormir,
y yo también en mi cuarto, no he dejado de pensarla,
sus ojitos, tan hermosos, han estado junto a mí...
¿Por qué me la has robado? Mira que empiezo a extrañarla...

Si mañana vuelve a darse, por favor solo te pido,
que si piensas nuevamente en llevarte lo que hoy te has llevado...
Haz que vayan los minutos más despacio, y esparcidos
¡en la dimensión de un tiempo en donde siempre esté a su lado!

TU SEMBLANTE CUANDO DUERMES

Tu semblante, doncella mía, es la aurora de mis días,
qué sería de mi vida si no amanecieras conmigo...
Tus ojitos, aún cerrados, son el faro que me guía,
y tus labios dormilones son el haz de luz que sigo.

Duermes tan rico, princesa, que no quiero despertarte,
hay algo, un no sé qué, que me motiva a mirarte,
contemplarte mientras sueñas, quizás mil sueños de niña,
sos mi fuerza al iniciar mi día, el agua fresca que cae en mis viñas...

Te ves tan linda, sois preciosa, sois la diosa de mi cuento,
vives tan dentro mío, sois de mi alma el alimento.
Cuanto quiero, oh mi reina, hacer eterno el momento
para mirarte por siempre, para que seas mi aliento.

Ay mi niña, no quiero, no quiero que despiertes,
de tu rostro así dormido quiero ser el centinela.
Soy el ángel que te cuida, quien su dulzura vierte,
en cada parte de tu piel dibujando a su roce estelas...

Pero tu día es agitado, y sé que debes surgir,
como emerge de las fuentes el agua clara en invierno,
por eso, amada mía, debes dejar de dormir,
he pasado ya mucho tiempo en espera de tu saludo tierno.

EL ECO DE TU VOZ

Se complace el alma mía por la suave resonancia
que dibuja con destellos la silueta de tu amor.
Se cobija con la nota que se convierte en fragancia
y que impregna cada espacio que se abre en mi interior.

Bailan todas y cada una de las guardianas del tesoro
que mi misma alma guarda en el silencio de mi ser,
pues ha llegado la dueña, que con compases sonoros
reclama dulcemente lo que soñaba tener.

Y así se abren las puertas, aparece el umbral del destino
que alguna vez sin saberlo juntos soñamos lograr.
Mi silencio se hace nada, y así prepara el camino
para que su mágica esencia ocupara en mí su lugar.

Y cuál la mística aurora que se enfrenta a la oscuridad
se esparce su rico néctar en la cavidad de mi vida,
aleja de mí, las dudas, me inyecta seguridad,
me indica que a mis espaldas hay un ángel que me cuida.

No obstante, siendo otra su total naturaleza,
pareció entrar por mi nariz, no sólo por mis oídos,
pues el aroma que deja es lo que da la certeza
de que tu voz es, sin duda, el más hermoso sonido.

GRACIA ANIDADA

No he dejado de inquietarme por la duda que me aqueja,
es que de tanto pensarlo ya no sé si sigo cuerdo...
La dulzura que te envuelve y todo lo que en mí deja
ha hecho suyas las propiedades donde viven mis recuerdos.

Ay mi niña cada cosa que tú tienes me conquista:
tu sonrisa, tu mirada, tus caricias y sentencias.
Es un deleite total hacer que tu esencia subsista
tan real y tan palpable en cada parte de mi existencia.

Eres la fresca neblina que aparece en mis mañanas,
haciéndome ciego al camino, a lo que hay por las veredas,
pero me envuelvo en tu magia de sabia y sutil artesana
y sigo caminando a ciegas confiando en que tú, te quedas.

No te vayas de mi lado, ni me pidas que algo elija
si pudiera robarte acaso uno solo de tus dones:
quiero tus ojos tan claros, quiero lo que cobijas,
quiero la miel de tus labios, pero sólo una cosa dispones.

Es que si sólo algo puedes por favor ya no des nada,
si es para dármelo a mí por demostrarme tu amor...
Prefiero todo completo, toda tu gracia anidada,
aunque deba extrañarte a veces como añorando el albor.

MONUMENTO A TU BELLEZA INTERIOR

De tantas cosas hermosas, para mí eres la primera,
cobijas como una rosa tanto misterio encerrado.
Cual primer brote de flores que anuncia una primavera
viene pregonando un sueño mi corazón enamorado.

Tu silueta, monumento, que esconde profundo valor,
eres bella, y aunque eso es cierto, parece una gran mentira
pues lo que te hace perfecta para entregarte mi amor
es lo que leo en tu interior cuando nuestros ojos se miran.

No es casualidad, quizás destino, pero hallarte fue difícil,
aunque siempre te tuve cerca fuiste tesoro escondido.
Ni tu belleza superficial ni tu encanto inverosímil
pudieron alguna vez, llevarme a tus pies rendido.

Fue en el tiempo, que es tan lento y tan sabio en tal manera
que pudo, después de tantas veces, llevarme a la conclusión,
de que, en tantos momentos juntos, viéndote tan sincera,
despertara en mí un sentimiento de total locura y pasión.

Fue un chispazo a tu belleza, la que por fin descubrí,
cuya imagen, como una daga, se me clavó hasta en los huesos
más bella que las primeras veces que bella te vi,
¡tan bella que te robaste mi corazón con un beso!

INTERFAZ DE INVIERNO

Hay un nudo que sosiega en la tosca y áspera superficie de mi garganta
flagelada por el sereno de este ambiente que me mata.
Sostiene un grito amarrado que se presume elocuente,
y por eso se cree capaz de romper la cuerda que lo ata...

Hay un ruido que enardece, feroz y ensordecedor,
amenazante le insulta, le dice que en vano lucha,
son miles de gotas de agua cayendo agresivamente,
y ellas presumen de apagar todo sonido, pues sólo a ellas se les escucha...

Mi corazón se agita, para remover el hielo,
que el frío de las últimas horas había causado
para romper las cadenas de mi voz angustiada...

Es lo tuyo, sal de ahí, que, aunque no seas escuchado,
tu destino, grito, es morir, para que yo pueda vivir,
aunque el invierno me esté anestesiando.

Sois hermosas, vísperas

Sois hermosas, vísperas... ¡Y qué bien se visten!
Y si así anuncian el día, ansioso he de ponerme
pues sus atuendos están tan lejos de ser atuendos tristes
y cerca en cambio ahora de a la felicidad volverme...

Sois tan graciosas si sonríen, sois eternas amapolas
que florecen cual en primavera en mis tantos pensamientos...
Sois estelas de una vida que ante el dolor no se inmola
sois estrellas que iluminan todo mi firmamento...

Y cual la rosa que acoge en sus tallos las espinas
y aun así, no pierden ni su esencia, ni su belleza
despiertan una ilusión que en mi corazón atina
al profundo sentimiento que a mi alma le interesa...

Sois casi perfectas, vísperas, me inundan de optimismo
sois únicas en mi historia y rebozan de sutileza
para inspirar una canción que al sonar para mí mismo
despierten del pequeño aquellos sueños de grandeza...

Si así vestisteis, vísperas, solo queda agradecerles
sois del todo hermosas, adornaron mi esperanza...
Ya no queda ni la sombra de aquel que aceptó temerles
ya no pregonan juicio, sois la aurora de una alianza.

ODA A LA FALACIA

Tu reino no es para siempre, pero cuanto duele vivirlo
como un veneno letal te riegas por nuestras venas;
humedeces con tu tacto, impregnas al más blanco mirlo
no hay quien se escape de ti, ni quien resista tus penas.

Vistes de varios colores, no respetas estratos sociales
has tocado del cielo la albura, también has nadado en fango;
has animado guerras, pactos, e incluso mueves ideales,
bailas al ritmo que quieras, ocupas todos los rangos.

Por ti viven las fábulas, en ti subsisten los mitos
incluso las religiones se proliferan por ti
en las palabras de un letrado tu sabor es exquisito
nadie objeta, si tú trabajas, que el diamante es un rubí.

Tu parto no es doloroso, pues te engendra el peor padre
a cuyos pies se rinde un mundo que no quiere respirar;
su letargo no es la muerte, aunque así sea que lo piense
tu existencia si es dolorosa, pues duele sin poder matar.

Hay unos que te defienden, y quienes te denunciamos
los primeros suelen librarse de la ignominia que causas;
los segundos, aunque esforzados, y aun diciendo que amamos
nos sorprendemos de la artimaña con la que siempre nos cazas.

A LA ESPERA DE UNA SONRISA

Me gusta cuando enfadas, porque pareces odiarme
cuando de pronto en el cielo no hay estrellas brillando,
y me gusta esa mirada que pareciera tocarme
cuando de pronto tus ojos me quedan mirando.

Me gusta cuando entristeces, porque pareces culparme
cuando no hay lirios rosados, ni delfines en el mar,
y me gusta tanto esa lágrima que pareciera mojarme
cuando de pronto mis manos te la quieren borrar.

Me gusta cuando me ignoras, cuando no quieres hablarme
cuando no hay estrellas, lirios rosados, ni delfines en el mar
y me gusta tanto esa boca que ya no intenta llamarme
como cuando antes lo hacía para poder platicar.

Me gusta cuando eso pasa, cuando no estoy contento
cuando pequeños momentos parecen romper la amistad
y es que me gusta estar a la espera del momento
en que una sonrisa tuya me diga que no es verdad.

Pues una sonrisa basta, porque pareces decirme
que ya hay estrellas, lirios rosados y delfines en el mar
me gustas tanto tú, que, aunque quisieras mentirme
basta solo una sonrisa para creer eso y mucho más.

VERTE DE NUEVO

Hoy, al verte de nuevo, en mi ser he descubierto
que el cariño que yo siento crece sin darme cuenta;
hoy, al verte de nuevo, vi más espacios abiertos
para que quepa un amor de los que ya no se inventan.

Se soltaron mis angustias, mis deseos de abrazarte,
quiero ignorar que te amo, pero aún te necesito.
Quiero amarrarte a mi corazón, más nunca soltarte
¡no quiero pensar que se irán esos ojos tan bonitos!

Nunca podré olvidarte. Nunca he intentado hacerlo,
y hoy, que de nuevo te veo, después de tan poco tiempo,
todo es como al comienzo, ¡es imposible creerlo!
Te he visto más preciosa y ha crecido lo que siento.

Nunca olvides que te amo, nunca intentes hacerlo
ya he decidido quererte; desde hoy te dedico mi vida,
el lazo que me ha unido a ti, prefiero no romperlo
el seguirá estando ahí, para cuando te decidas.

Verte de nuevo quisiera, y después de hoy más seguido
porque yo sé que muy pronto la distancia nos espera.
Cuando mires las estrellas, recuerda que a Dios le pido
que mi amor en el camino no encuentre más fronteras.

Retorna un sentimiento

Se abren grietas, profundas, que irrumpen en mi alma
brota de ellas un dolor que no puedo soportar;
gritos de desesperanza hoy atentan esa calma
que con tantos años de olvido había podido lograr.

Y hoy renace nuevamente un sentimiento asesino
que sin piedad muchas veces me ha intentado matar,
cada vez se hace más fuerte, y ha encontrado el camino
que le lleva a mi corazón… Y creo que está por llegar.

Pensé haber cerrado la puerta, pero ha quedado entreabierta,
inevitable es el golpe con el que intentará entrar;
más tiempo ya no queda, más soluciones inciertas
crean líos en mis pensamientos y no me dejan pensar.

Vuelvo a caminar por el sendero angosto y hechizado
que una vez anterior me ha confundido al andar;
te sientes capaz de alcanzar el cielo, minutos después lo has tocado…
Pero el miedo a caer nuevamente esta vez no me hará volar.

Se abren grietas y duelen, secan la fuente de olvido,
la que con tanto sacrificio había podido crear,
y del pasado retorna un sentimiento que nunca es correspondido,
y vuelven a mí las palabras: ¿con qué motivo he de amar?

UNA ESTRELLA MÁS EN EL CIELO

De repente tu sonrisa magnetizó mi mirada
creando un sentimiento que sin quererlo crece,
y que hace un placer ver tus labios, que aún no me dicen nada
y que ocultan esa voz que quiero escuchar tantas veces.

Quiero hablarte y explicarte, empezando desde cero
que entre el frío yo te sueño y tu calor aparece,
que me gusta todo de ti, sin encontrar ningún pero.
No dejes que mu sueño acabe, sino la ilusión desvanece.

La llama que ya enciende mi deseo de tenerte
me amenaza con quemarme si no explico lo que siento;
mi mente y mi corazón saben que necesitaré mucha suerte
para que correspondas lo que quiero, lo que con esto intento.

Quiero cumplir este sueño, ello es mi aspiración,
pero no puedo solo, ni con mi mejor amigo
solo tú puedes llenar el vacío de mi corazón
quizás puedas ayudarme… ¿Puedo contar contigo?

Quizás seamos diferentes, pero eso se puede arreglar
dame solo una oportunidad, apórtale a mi anhelo
ya no quiero imaginarte donde no te pueda alcanzar
ni tan alejada de mí, como una estrella más en el cielo.

ORAJE

Las nubes cubren el cielo y lo pintan de gris,
el sol se ha marchado prometiendo volver mañana.
Desde entonces no lo he visto romper ese tapiz,
desde entonces no lo he visto entrar por mi ventana.

Y no cesa de llover, es como un llanto sin descanso,
el cielo se desahoga como nunca lo había visto;
ver un cielo despejado es un ideal que aún no alcanzo
y aunque el frío me castiga, todavía no desisto.

Pienso que en otros lugares está pasando lo mismo:
nieve bloqueando las puertas, granizo azotando el tejado,
precipitaciones que parecen crear mares en abismos
y un sol al que tapa el techo que las nubes han formado.

Y el tiempo me custodia, me siento prisionero,
mi cárcel es mi hogar, mi condena este mal tiempo,
la libertad que me han quitado es mi espíritu viajero
y los días que planeé se los llevaron fuertes vientos.

Hace ya muchos días que mi equipaje está listo,
pero el clima ha interrumpido, ha postergado mi viaje...
Es esa la libertad que quiero y es por ella que resisto,
solo podré tenerla cuando acabe este oraje.

OTRO DÍA MÁS

Otra mañana silenciosa en que no escucho cantar
ni aquellos pájaros que un día me supieron despertar;
ni aquella brisa que siempre me decía "buenos días"
supo venir ahora, como cuando me querías.

Prisionero del silencio que se vive en el hogar
perdí la cuenta del tiempo que he tenido que pasar
sin tus manos que ofrecían una caricia nueva
y con tan solo el dolor que a la agonía me lleva.

Hipnotizado con la imagen que se ve tras la ventana:
gente que ríe feliz, que disfruta cada mañana;
me veo en el pasado, tan lejano como la felicidad,
cuando tú y yo éramos uno y mi sueño una realidad.

Respirando el aroma del perfume que dejaste
en un álbum de fotos que tú misma guardaste.
Es algo de las cosas que aún me mantienen vivo
con la esperanza de que pronto volverás a estar conmigo.

Tan solo sé que ha pasado mucho desde tu despedida,
tan solo sé que he llorado porque me he visto una herida;
te he buscado en mi casa, pero como ayer hoy no estás,
mañana será otro día, otro día más.

Ese viejo cuarto

Tan solo abrí la puerta, encontré un amplio cementerio,
de aquellos que siempre buscan como traer el recuerdo;
mi infancia grita al futuro, dos distintos hemisferios,
ante las cosas del presente, con las que nunca concuerdo.

Era un cuarto tan hermoso, ahora lugar de arañas,
con instrumentos callados, que solo saben de polvo,
que antes sabían de manos con las que hacían hazañas,
ahora sienten que a ellas solo les sirven de estorbo.

Era el lugar donde siempre trataba de deleitarte,
pero ante ti, siempre obtuve el sello del fracaso;
siempre tuve el afán de tratar de enamorarte
de que tocaran algo nuevo mis inéditos brazos.

Eras tú la que opacabas mis ganas de ser músico,
eran pocas las canciones que lograban estimularte;
de todos los que te cantaban, rechazabas siempre al único,
pues a ti te gustaba todo, a excepción de mi arte.

Se amable y ven conmigo, limpiémosle del rechazo,
revivamos sus anhelos, los míos ya se acabaron;
jamás insistiré, sé que no tendrá algún caso,
pero debo de admitir que mis ansias despertaron.

Date cuenta que este cuarto es la copia de mi alma,
que así en la oscuridad es tu luz la que le salva.
Es tu luz la que trae consigo, la ternura y la calma,
porque es tu luz la copia de la luz del alba.

MUSITACIONES

Un enigma que una sonrisa finge cordialmente,
como si se resignara a entender la realidad,
y un "te odio" que no escucharás por más que intentes,
son susurros que repudian tu cariño a la mitad.

Mas yo sé que te preguntarás porqué la actitud,
más yo solo reprocho tu mirada sin dejarte de ver,
porque a pesar de todo se da en mí la solicitud
de un beso de tus labios que otra vez me haga caer.

No te conviene escucharme, son solo tonterías,
es tan solo el resultado de mis celos, que tontos son,
un "te quiero"… Un "te odio"… No me decido todavía
y si escuchas que te llamo ignora el aldabón.

Es que quiero que sepas que sufro al verte con él,
que tu amistad me es muy poca y quebrantas mi alegría,
porque tengo miedo a expresártelo, aunque sea en papel,
mas quiero verte a mi lado, mas es mi triste utopía.

¡Solo murmuro! Y solo así puedo expresarme,
mas me queda aún la duda de lo que tu sospecha piensa;
quisiera que me escuches y la atención que puedes darme
se transfigura, se hace inútil; a mi musitación, extensa.

ELLA Y YO

Ella pidió una rosa
porque conoce el amor;
yo en cambio pedí claveles
para adornar mi ilusión.

Ella pinta una sonrisa
porque siente que la están amando;
yo aún solo puedo fingirla,
porque aún sigo esperando.

Ella conoce el cielo,
pues alguien la ha llevado;
yo solo quiero conocerlo
cuando ella esté a mi lado.

Ella disfruta del día
porque el sol le ha iluminado;
yo aún me encierro en las noches
cuando la luna ha menguado.

Ella no sabe que yo
como nadie la he amado;
yo no quiero entender que ella
el amor ya ha encontrado.

AMIGA

Pedazo de terciopelo, que cubres como un manto
el alma de esa persona que ha nacido para querer;
soy dichoso de tenerla, por mucho la quiero tanto.
Mariposa de alas blancas, centelleas al estremecer.

Gotita de agua destilada, que purifica lo que toca,
resalta en la tristeza los más puros sentimientos;
son más que bendiciones lo que sale de su boca,
están llenos de deseos todos sus pensamientos.

Niña de piel blanca, como una flor de lenteja,
de ojos café claro como la arcilla mojada,
con su sonrisa de princesa es pureza lo que refleja,
tiene la inocencia de toda niña enamorada.

De corazón inefable. Buena y hospitalaria.
Seguidora del ideal de paz en la sociedad;
instrumento de compañerismo, precursora necesaria,
ella es un vaso que irriga el corazón de la bondad.

De temblorosa actitud y acaecido positivismo,
hace a todos felices, así lo demuestra conmigo,
pero de esa felicidad no ha podido llenar ese abismo
que en su interior se abre. Pero en mí tiene un amigo.

AQUEL DÍA

Era una tarde lluviosa y bajo el techo de su hogar
se asomaba a la ventana tratando de ver pasar
aquella niña que un día se fue sin decirle adiós,
la parte del corazón que el destino le arrebató.

Me contaban que estaba loca, en medio de su soledad,
con desprecio no quise escuchar, porque su realidad
era un trastorno muy duro que en medio del vacío
azota lentamente su corazón herido.

Otros ríen porque a veces grita desde su ventana,
porque la llama a la mesa todas las mañanas,
y yo sin embargo la veo, y sus lágrimas no cesan,
siempre mirando al cielo cuando por su niña reza.

Es madre que ha amado y que amará como el día
en que llegó a su vida y le llenó de alegría
aquella niña que en vida solo a mamá conoció
pues papá sin quererlo un día las abandonó.

Fue aquel día en que su lucha por cuidarla terminó
pues la salud de la niña en poco tiempo empeoró.
Dios decidió llevársela para darle una mejor vida,
pero olvidó a su mamá, que aún sufre su partida.

Ella cree que está viva, que se marchó, pero volvería,
ella se hizo una promesa: que siempre la esperaría.
Será el tiempo que con su paso le hará entender
en un día como aquel, que en el cielo se podrán ver.

HASTA MORIR ENAMORADOS

Un cielo despejado nos anuncia que la neblina se ha disipado,
que las tinieblas que ahogaban nuestras vidas han desaparecido;
mi alma ha esperado este día, que desde siempre ha anhelado
para expandir sus alas y volar con la tuya en ese cielo prometido.

Es un lucero quien nos guía hacia el camino virgen, jamás tocado,
primaveral, con el rocío que hace mucho no había caído,
que toca tu rostro y lo hace ver tan puro, es mi sueño realizado...
Es el despertar de un amor que nació y creció dormido.

Así que, vida mía, esta vez no hay excusas, ¡hemos triunfado!
Hagamos de nuestros días lo mejor que haya existido,
gocemos de esta libertad que juntos hemos logrado,
gritémosle al mundo entero que jamás fuimos vencidos.

Cerremos aquellas bocas que nos juraron separados,
olvidemos las angustias, los temores, los inciertos que hemos tenido.
En esta guerra somos tú y yo, nadie más a nuestro lado,
pero puedo jurar que este ejército es el más fuerte que ha habido.

Ese cielo también nos dice que aún no hemos terminado,
que mientras siga existiendo, habrán tormentas y diluvios parecidos,
y mientras sigamos viviendo, habrán obstáculos trenzados
a nuestras ganas de querernos y mantenernos unidos.

Es por todo eso que en estos momentos hay una cosa que te pido:
que ante un futuro incierto y por nuestro inolvidable pasado,
pensemos en nuestra siguiente meta, la que aún no hemos cumplido,
que nos sigamos queriendo hasta morir enamorados.

Chiltomas y cebollas

Señorita, no está mal que yo le quiera decir
que somos una misma alma y debemos estar juntos.
Yo no la quiero de amiga, ya no le puedo mentir,
es que la amo tanto y ése también es su asunto.

¿Acaso usted no se siente tranquila en mis brazos?
¡No responda! No es necesario, cuente con mi cariño;
nunca me atrevo a jugar, por eso no sé que es "fracaso",
y si usted me rechaza ahora lloraré como un niño.

Tenemos gustos tan iguales y eso no es casualidad
yo le prometo que siempre la voy a consentir
no se niegue, no le cierre la puerta a la felicidad
si usted lo llega a intentar no se va a arrepentir.

¡No! ¡Señorita! ¡No toque el tema de comida!
Ahí somos muy distintos, y así el hilo me enrolla.
No me lo niegue de esa forma, por favor no me pida
que coma, entre tantas cosas, chiltomas y cebollas.

Señorita, ¿no se da cuenta que no importan esas cosas?
Que lo que vale es el amor, el más sincero y más puro,
yo le prometo de ése, mi más linda mariposa.
¡Vuele, si es lo que quiere! Total, yo no me apuro.

TE ECHO DE MENOS

Nunca pensé que en mi vida penetrara este sentimiento,
las cosas cambian un poco, domina el aburrimiento.
Estar solo en los lugares que siempre fueron para dos,
síntomas de tu ausencia, quizás la gripe y la tos.

La gripe de una alergia que es causa de la soledad,
falta el aroma que siempre limpiaba la suciedad;
el polvo se multiplica, se fue la magia de tus cabellos
y ahora microbios que me hablan y solo lo entienden ellos.

La tos viene de un frío que me atacó, me vio sin abrigo,
me falta el aire que dabas cuando estabas aun conmigo…
Te fuiste y no pensaste que el invierno ya se acercaba,
sabes muy bien que ese era el momento en que más me cuidabas.

Mi compañía no es otra más que las cosas que me dejaste,
que solo recuerdan momentos en los que tanto me enseñaste
que el cuerpo no es digno al alma, si no el alma al sentimiento,
algo de las palabras que ahora hieren por dentro.

Me decías con tanto cariño, que solo el alma ama,
que el cuerpo no sabe de amor, solo sabe nomás de cama;
que el amor viene de adentro y se muestra con sacrificios,
son palabras que me recuerdan de tu fervor el inicio.

Es tan grande tu corazón, que aun así puedo sentirlo,
detesto que esos instantes ya no pueda revivirlos
dime tú si en tu mente acompañado de versos sueno,
porque aquí todo me indica que ya te echo de menos.

Te fuiste hace pocos días, pero así el tiempo es largo
busco algo en la cocina, pero mi trago es amargo.
Mi casa de afuera es grande, aquí se resume a un cuarto,
si voy a morir así, prefiero morir de infartos.

LO SÉ

Me di cuenta que un tonto como yo no puede conquistarte,
pues he hecho lo que puedo, más a hacerlo aprenderé,
porque veo en tus ojos la duda que dejo al hablarte,
porque veo en ellos cariño, porque me quieres, eso lo sé.

Fui una nube oscura al paso, viendo la luna llena,
mas sé brillar y junto a ti como estrella lo haré,
porque veo en tu boca conmigo una sonrisa plena,
porque veo que cuando te hablo te agrado, eso lo sé.

Verás algún día que mis intentos no fueron en vano,
porque en tu mente recuerdos y pensamientos de mí causaré,
porque demostré que te quiero, tendiendo siempre mi mano,
porque llegué a ser un gran amigo, y te gusta, eso lo sé.

Descubrirás algún día la inmensidad de lo que siento,
un día de pronto en el que hablemos y así te lo explicaré,
porque quiero que lo veas y que veas que no miento,
porque sé que quieres saberlo, eres curiosa, eso lo sé.

Te quiero tanto al límite de todos mis sentidos
y un sexto sentido poético que siempre te regalaré;
porque veo en tu corazón amor, lo escucho en sus latidos,
porque sé que lo que escribo te lo explica, lo sé porque lo sé.

¿POR QUÉ LA BESÉ A ELLA?

Quisiera comprenderlo y difícil se me hace
pues después de tanto tiempo intentando tu ternura,
queriendo conquistarte, no pude, y hoy me nace
la idea de olvidarte por no verme a tu altura.

Sé muy bien que un sentimiento no se olvida fácilmente
y que requiere tiempo descubrir uno de ellos...
Un beso de ella era una excusa para sacarte de mi mente,
mas lo que he logrado fue descubrir uno nuevo.

¿Por qué siento que mis labios no son parte de mi ser?
Pues al besarla a ella a mi corazón no han respondido.
Si siendo a ti a quien amo, y a quien yo quiero tener
¿por qué entonces su beso le fue correspondido?

Mas hoy me dices que un tonto sigo siendo
por olvidarme de ti, y te vistes de doncella;
no he olvidado que te amo, pero es que ni yo lo entiendo...
¿Por qué entonces también preguntas por qué la besé a ella?

Quizás porque sus labios si supieron aceptarme
a mí y a mis labios, tal como son.
Porque los labios de ella no dudaron en besarme,
porque en sus labios y en su beso, sentí su corazón.

Cariño necio

Me duele más que todo ese silencio arrogante
con el que siempre tratas de decirme algo,
como queriendo que entienda con ese semblante
que tu rostro dibuja, y es el peso que cargo.

¿Me querrás odiar u odiarás quererme?
¿Qué esperas que yo diga si tú no dices nada?
Me conoces y sabes que la forma de vencerme
es negarme esa voz, con esa boca cerrada.

Tonto cariño el mío, necio una y mil veces,
que te ama y ama escucharte, y callada estás.
Eres mundo sin vida, mar no apto para peces
y yo emigré entre corrientes para poderte encontrar.

Y qué me quedará mañana, cuando el camino
de tus labios hoy callados busquen los míos;
y sea ese adiós callado que desde hoy alucino
y entonces extrañe tu silencio para sentirme vivo.

Y qué me quedará mañana, cuando en lo oscuro
sea el silencio que no es tuyo, que no he vivido,
y el desconocido frío, al cual no me acostumbro,
por mi cariño necio, llegue a herir mis sentidos.

DETALLES

Sabes, a veces considero al tiempo como enemigo
Y a la distancia le grito porque a veces nos separa;
No sabes cuánto daría para que siempre estés conmigo,
Pero hoy ambos se oponen para ocultarme tu cara.

Porque sé que falta poco para terminar la escuela
Y desde ahí nos encontramos con la vida y el destino…
Y con los pies en la tierra nuestros sueños vuelan,
Mientras armamos equipajes y pensamos en el camino.

Porque ahí será difícil verte y sin pensar
Que esa podría ser la última vez que nos veamos;
Pienso en cuando te conocí y quisiera regresar
Para volver a vivir momentos lindos que creamos.

Pero mi temor más grande es siempre necesitarte
Porque en cada flor, cada hoja, cada camino que pase,
Te tendré en mis pensamientos, nunca podré olvidarte,
Y es que le das sentido a mi vida… ¿qué sería si te olvidase?

Si te olvidase algún día, te inventaría mi mente,
Sentiría que me hace falta algo y buscaría la razón,
Y en cada detalle que busque sonará la voz de mi inconsciente:
Serán latidos diciendo que existes dentro de mi corazón.

UNA LINDA CICATRIZ

Cada cicatriz que en mi cuerpo se ha plasmado
me trae buenos recuerdos de mis mejores momentos,
desde niño he sido feliz, aunque tristes resultados
sean los que motiven a expresar los sentimientos.

Ésta que está en mi mano es recuerdo de una tarde,
en un auto accidentado, inventando un juego nuevo,
nadie quería entrar y por mi preciso alarde
me hice una cortada con el vidrio, y aun la imagen llevo.

La de aquí en mi antebrazo me pasó por insolente,
corría por la sala, reía, a mis primos perseguía,
y fue al bajar unas gradas que sucedió el accidente…
Me hirió el clavo de un sillón, no lo olvido todavía.

Ésta, también en mi mano, no quisiera recordarla,
me quemé por despistado viendo televisión…
En sí, todas ellas mi mente pueden llenarla
de buenos y tristes recuerdos, tristeza y diversión.

Pero, hay una que me agrada… Aún no te he contado,
ya que es imposible verla, está en mi corazón.
Es tu nombre, que un lugar de él ha ocupado,
escrito con tinta de amistad, cariño y comprensión.

TUVE UN SUEÑO

Tuve momentos felices, todos mejores después del primero,
tuve ilusiones, oportunidades; más que ilusiones que oportunidades;
tuve en mente emprender un viaje, lo quise y aun lo quiero,
lo que no tuve fue valor, mucho menos cualidades.

Quizás tuve lo que cualquiera tiene, más lo que nadie quiere:
desamores y deslices, pero nunca lo que yo quise;
tuve deseos, esperanzas, más la fe que se adhiere,
lo que no tuve en mis dramas fueron finales felices.

Tuve a veces un te quiero de los que no correspondía,
tuve amigos en mi vida, pero tuve también vacíos,
tuve muchas cosas lindas que me dabas día con día:
tuve tu mano en la mía y tu voz en mis oídos.

Tuve hace un poco un sueño lleno de fantasías
y en él te tuve a ti, y contigo mi felicidad…
Tengo hoy en día unas ganas terribles de hacerte mía.
Tuve un sueño y hoy quiero vivirlo en la realidad.

EL CIELO DE TUS LABIOS

Este cielo para mí se hace inalcanzable,
quizás haya palomas que puedan alcanzarlo;
el deseo de mi boca se hace inexplicable
y este sentimiento hace que muera por tocarlo.

Tu sonrisa es una constelación de estrellas
y se me hace un misterio cuando el cielo está nublado;
a veces solo quiero dejar en ti mis huellas
y hacer eterno el momento en que te encuentras a mi lado.

Soy trovador de caminos que nunca habían pisado,
pero el camino hacia este cielo nunca lo encontraré;
me da miedo intentarlo y salir después derrotado,
sé que es tonto pensar que bajará y que por ello esperaré.

Este cielo me da oraciones con plena seguridad
y mientras yo, tímido y rígido, espero contestar,
pero en la instancia en que llega y tengo la oportunidad
mis labios quedan sellados y no encuentro de qué hablar.

Algún día daré un salto y este cielo alcanzaré,
tal vez falle en el intento, y al final te perderé.
Y al fin quedaré seguro de que nunca lo tuve
y al fin quedaré seguro de que nunca lo tendré.

En suspenso

Mis lágrimas empañan el brillo de tu mejilla
cuando tu consuelo se hace veneno de mi llanto,
y me pregunto a veces si algún día serás mía
y si vale la pena llorarte solo por quererte tanto.

Tu abrazo se hace fuerte, me dejas sin aliento,
siento que me quieres y que soy correspondido;
que difícil se me hace decirte lo que siento
ya que cada instante contigo es intento fallido.

El agua de tus labios mi boca no ha bebido,
se que pido mucho y que somos muy distintos,
el cariño sincero se da por entendido,
pero el amor verdadero llega por instinto.

Me da miedo a veces estar equivocado
y que el destino de tus labios no sean los míos.
Es bonito sufrir cuando se está enamorado,
cuando te sientes feliz, aunque te acorrale el frío.

Te veo tan lejana de mis intenciones,
te busco y no te encuentro, aunque a diario te pienso;
se pierden en mis lágrimas todas mis ilusiones,
pero tengo fe a que acabará este suspenso.

MENTIRAS

Tú sabes que te amo, pero aún no lo entiendes.
Yo supongo que me amas, pero aún no lo sé.
Mas el que luche por ello aún no lo comprendes,
yo quiero comprenderte, pero aún no puedo creer…

(Si nuestra relación no resulta como lo esperabas,
¿Por qué me haces sufrir así? ¡Luchar sin razón!
He hecho todo cuanto puedo, para ser quien más te amaba.
Mas tus mentiras me dicen que de hielo es tu corazón.

¿Te quiero? ¿Es lo más que puedes decir?
¿O acaso no te alcanza para darle a los dos?
Este tiempo me ha ayudado, tú solo sabes mentir,
si lo prefieres a él, no escucharé más tu voz.

Sin embargo, fueron tus mentiras quienes hicieron en mí
conocer una ilusión para conocer al amor.
Fue la única respuesta que me hizo confiar en ti;
pero eras sólo un abrigo que me fingía calor).

… Que el que me hayas dejado, era una solución,
para evitar que el amor hoy te pudiera vencer.
Pues no quieres correr el riesgo de cometer un error
en que resulte una vida en la que puedas perder.

HERIDO COMO TÚ

Si no fuese porque yo me he enamorado de ti
te odiaría más que a nadie, tú sabes porqué;
el espacio que has dejado hoy tan solo es para mí
el recuerdo de la vez primera en que tus labios besé.

Hoy te olvidaría para nunca recordarte
pues me cerraste las puertas de tu herido corazón,
tan herido como el mío, porque siempre quise amarte,
pero fallé como tú al ignorar la explicación.

No sabes cuánto me duele que me cuenten que tú lloras,
sin entender el porqué, si fue tuyo el definitivo adiós,
ese que lastimó mi corazón, quien ahora solo añora
poder olvidar la frase que protagonizó tu voz.

Mas te cuento que yo en otra hoy me he refugiado,
pensando inocentemente que tu amor he de olvidar,
pero pensarte aún más ha sido el triste resultado.
Tan herido como tú, solo pienso en regresar…

Regresar a los momentos, que al final fueron en vano,
pero me hicieron saber que este espacio hoy es tuyo…
Mas sin querer aceptarlo, hoy yo observo mis manos
y en ellas caer las lágrimas que vencen a mi orgullo.

ANGUSTIA

Me gustarían tus caricias, si fuesen mías solamente
y tus besos anhelaría, si solo mis labios besaran;
aún sueño con el momento en que tus ojos de repente
aprendan a encontrar el amor, cuando en mi corazón se fijarán.

No sé si cometo un error al quererte cómo te quiero
y me imagino una sonrisa por la que estoy sufriendo,
porque se la ofreces a otro, y al imaginarlo hiero
pedazo a pedazo el corazón que aún te sigo ofreciendo.

Pero es difícil, tú nunca has sabido entenderme;
aún se escucha el eco de tu voz que me miente
cuando dices que sabes de amor, y a mí no has de creerme
cuando te lo expreso de tantas formas, pero nunca es suficiente.

Si es como dices, que me amas, ¿Por qué me haces tanto daño?
¿Por qué siento que este amor está desgastando mi alma?
De a poco me inserto en la angustia que me ha dejado tu engaño,
no es lo mismo desde entonces, mi vida no encuentra calma.

Quisiera ignorarte, olvidarte, apartarte de una vez de mi lado,
y quisiera romper nuestros lazos, pero he ahí el problema:
me gusta mucho la niña que en tu interior he encontrado
y es a ella a quien amo, y la extraño, más la angustia quema.

Tímido

Cielo, sabes que no cambiaré mi manera de ser,
que cada camino es igual, aunque le cambien el nombre,
y mientras llegue siempre al lugar a donde quiero llegar
seguiré por ahí, no dejaré de pasar.

Cariño, sabes que te quiero, no lo dejaré de hacer,
que el sentimiento aun crece, aunque no lo veas crecer,
y mientras sea feliz, y con eso logre tu felicidad,
seguirá estando ahí, más nunca se irá.

Con el fino roce atisbado, con palabras de cariño,
seguiré viviendo esta ilusión como si fuese un niño,
haré caminar este amor con un movimiento rígido…
Sabes que soy y seguiré siendo así: tímido.

ORÁCULO DE LOS SUEÑOS

Cada quien tiene un sueño al menos que intenta realizar,
la vida es el sueño divino que Dios te puede brindar;
cada quien piensa que en el mundo hay un lugar para él,
Dios ya te ha dado uno al momento de nacer.

No he dicho que no sueñes, no está prohibido soñar,
solo que nunca desees lo que no puedes alcanzar,
muchas veces es erróneo tener en mente vencer
al querer dar otro paso estando a punto de caer.

No estoy diciendo tampoco que está prohibido luchar,
cuando existen esperanzas, existe también afán,
no existe cosa inalcanzable cuando se tiene el poder…
El poder de ser prudente, cuando es posible creer.

Cada quien tiene una idea, algo por expresar,
pero a Dios no se le escucha cuando nos quiere hablar;
nunca se puede ser libre si nos atrapa el temor
de buscar en Dios la respuesta de lo que es el amor.

No sueñes por eso que entonces de Dios te puede alejar,
es una felicidad que no alcanzas, que nunca vas a encontrar;
piensa en Dios cuando te caigas, nunca dejes de insistir
y entonces agradeciéndole aprenderás a vivir.

SER NADA

Ser una hoja de otoño que el viento se lleva,
andar sin vida, engañada, sin saber que te marchitas;
ser la sombra de algo en lo oscuro de una cueva,
es ser nada, luz de luna que el día evita.

Ser de todos y de nadie, como la luz del sol
y por eso reírse y creerse tan importante;
yo te digo: tienes eso y aún mucho más valor,
pero te regalas fácil y eso es lo preocupante.

Y por instantes ser y tener lo que una estrella,
mas ignorar que te utilizan, y de ti ¿qué queda?
Solo ser la última gota que queda en la botella,
cuando se puede dar más, tanto como se pueda.

Ser tu propio enemigo, que poco a poco acaba tu vida,
sientes tu cuerpo vivir y para muchos ha muerto;
ser algo que ya fue, lo que el tiempo descuida,
es ser nada, es ser polvo en el desierto.

UN SUEÑO EN COMÚN

Cuando mientras duermas sueñes con un mundo en igualdad
donde las mujeres se liberan y juntos se enfrente la vida,
y valoren sus ideales, sus deseos y de amar su capacidad,
donde su corazón alcanza un estado en que cicatriza sus heridas.

O vivas en una sociedad donde nacen niños y niñas,
y para padres y madres no existen tantas diferencias,
donde se eduquen en base a valores de justicia y el sueño se tiña
con colores de esperanza, sinceridad y suficiencia.

Donde hemos ganado la lucha por salir de la opresión
que diferencias sexistas han creado desde ayer;
no hay más derechos violados, ya no más humillación,
donde la palabra inferioridad no existe y se valora a la mujer.

Y sean mitos los cuentos que narran historias asfixiantes
de mujeres encerradas en un mundo diminuto y agobiante,
como objetos de placer, o máquinas programadas
para servir a hombres, que se creen hombres y son nada.

Cuando mientras duermas lo sueñes y no quieras despertar
y prefieras seguir soñando durante una eternidad…
¡Vamos! ¡Despierta! Es el momento de actuar,
muchos soñamos lo mismo y lo queremos hacer realidad.

SOMOS PARTE DE UN MUNDO

Somos parte de un mundo azotado día con día,
cada vez hay más fronteras y pueblos marginados;
es increíble pensar que hay lugares todavía
donde derraman sangre de pueblos discriminados.

Donde no es alarmante oír sobre engaño y corrupción
o saber de países que gozan al cubrir el mundo de dolor.
¡Hace mucho nos robaron la libertad de expresión!
Voz del pueblo oprimido, voz del pueblo trabajador.

Donde hay niños sin hogar, con ideales que no alcanzan,
trabajan por su existencia, viven sin dignidad,
cada día ellos despiertan con gotitas de esperanza,
esperando con anhelo un día de felicidad.

Donde hay mujeres aun víctimas de machismo:
si hay un segundo en el día, hay un golpe a una mujer;
tantos hogares destruidos o al borde de un abismo,
tanta muerte inocente, casi imposible de creer.

Somos parte de un mundo donde somos semejantes,
humanos con la misma capacidad de pensar,
tenemos los mismos derechos, dejemos de ser ignorantes,
Dios nos ha dado a todos, capacidad para amar.

MÁS QUE UN ENSUEÑO

Fue cuando te conocí que entendí el rumbo de mis pasos
en materia de desvaríos me había vuelto un experto;
se hacía de noche en mi alma, ya se veía el ocaso
eras tú mi último tren para salir del país de los muertos.

Emergiste de la nada, y al mismo tiempo lo eras todo
me tomaste por sorpresa cuando menos lo esperaba,
creí que estaba soñando, ¿acaso había otro modo?
Pues a alguien como tú solo en sueños la encontraba.

Entonces me pareció que ya te había visto antes
quizás en sueños, como éste, que al final no era tan sueño,
pues aun siendo real, hay de amores principiantes
que creen ya estar soñando, aunque aún sigan despiertos.

Tan radiante tu mirada, tan hermosas tus pupilas
tan precioso tu semblante, no pude tener mejor suerte.
Envuelto en un mar de ilusiones, me apresuré a hacer la fila
para inscribirme en la lista de los que querían tenerte.

Pensé que fracasaría, siempre tuve miedo al fracaso,
eras tú tan asombrosa que temía asumir el riesgo;
habría actuado como siempre, pero éste no era el caso,
había en ti un imán que me hacía tomar tu sesgo.

Y mira qué suerte tuve, que tú también me has mirado
se cruzaron nuestros destinos: tú mi dueña, yo tu dueño.
¡Amor a primera vista! ¡Creo en ti! ¡Me ha pasado!
Pues desde el primer instante esto fue más que un ensueño.

UN AMOR QUE DURÓ UN AÑO

Invierno

Primera tarde de noviembre, acercándose el ocaso,
sentí en mi cuerpo correr el más grande escalofrío;
cerré mis ojos entonces y sentí en mí un cálido abrazo,
mas al abrirlos de nuevo me desilusionó el frío.

Y vi pasar el mes con las primeras tormentas
que hacia mi ventana las nubes negras enviaron,
y vi mi hogar y en él, el calor que me alimenta
siendo parte de la soledad y mis sueños terminando.

Y en medio de todo esto llega diciembre y así,
pensé llegaría el día de mi más triste navidad,
pero llegó un lucero que brillando tocó en mí
un corazón abierto que buscaba felicidad.

Y te encontré donde menos había pensado buscarte
y con un beso llenaste de mi cuerpo el vacío,
me cegaste ante la lluvia, me permitiste amarte,
y como regalo a tu corazón, quise entregarte el mío.

Y así en diciembre y enero tu compañía abrigó
cada uno de los momentos hermosos que pasé,
y este invierno de mi vida con la tuya terminó
haciéndose el más lindo tiempo, porque en él, yo te encontré.

Primavera

Nunca antes había visto ese azul en el cielo,
ni los campos florecer con tanta rapidez;
mi amor por ti se acelera en este mes de febrero
y veo que es fruto de invierno, fruto de aquella vez.

Pasando lindos momentos hemos compartido
detalles de alegría que iluminan nuestro hogar;
sin temores de afrontar y jugarnos los sentidos
ante cualquier desvarío que en el camino ha de estar.

Y fue en marzo aquel momento en el cual pude ver
tu más linda demostración de lo que es el amor:
evitaste mi muerte, cuando a punto de caer
tus manos fueron mis alas, me hiciste vencer mi temor.

Y mientras inconsciente estuve tú cuidaste de mí,
lloraste sobre mi pecho pensando que iba a morir,
pero luego desperté y en la euforia confundí
tu rostro con el de un ángel, que me ayudó a vivir.

Y abril fue testigo de todo mi agradecimiento
pues pude ver el cielo y los campos llenos de flores;
mi primavera contigo le dio fe a mis sentimientos
y elegí darte el amor de entre tantos valores.

VERANO

Mayo ¡has llegado! Y no ha sido de mi agrado,
pues siento en mi interior que se acomoda el verano,
veo como de pronto tú conmigo has cambiado
rompiéndome la ilusión de ver mi futuro en tus manos.

Las flores que ayer te di empiezan a marchitarse,
te alejas de mí cada día y creo necesitarte,
siento que el sol se interpone y que mi cuerpo al quemarse
se siente incapaz de seguir, pero no quiero cuestionarte.

Y en junio empiezas a salir sin decirme a dónde vas,
algo que tú nunca me habías hecho en la cara,
pero estuve confiando en ti, aunque dolió, ¿qué más da?
Si supe que eras otra y vi el adiós que preparas.

Ese cambio no era parte de la casualidad
vi como tú en las calles te dabas fama de soltera;
pensé que en ambos había amor y felicidad,
llegó junio y ahí mi vida una pesadilla era.

Y al pedirte una explicación, sentado yo a tu lado,
escuché que me decías que yo era el único culpable,
que amigas te han contado que yo te he traicionado…
Niña, tan mía en poco tiempo, yo te amo, y eso es invariable.

OTOÑO

Por los vientos de agosto las hojas han caído
y aunque te tengo aún conmigo, hay algo en tu mirada
que reflejando los árboles sin copas, desconocidos,
me hace dudar de tu amor… Tú dices que no pasa nada.

Y mientras pasaba el mes, tan extraña te miraba,
No has querido comer nada y no te gusta oír mi voz;
Cuando quise darte un beso, más de eso rechazabas,
Dime qué es lo que pasa… ¿Aún dudas de mi amor?

Septiembre… Septiembre, has tenido que llegar,
y tú amor, mi amor… Tú no eres una cualquiera,
y aunque lo pienses así por lo que te ha de pasar,
no te rindas ahora… ¡Una vida nueva te espera!

Quiero que la compartas conmigo, pero así no lo prefieres,
tirando así nuestros sueños, y equipando esas maletas,
rompes mi corazón, olvidando que te quiere…
Es tu adiós y el de él los que le abren una grieta.

Es el recuerdo de tu figura y en tu vientre lo que no es mío,
pero dueño también de este amor que se marchita por daños
causados por un verano que olvidarlo he querido…
Otoño de octubre despides a un amor que duró un año.

FIN

LA ESTACIÓN DEL AMOR

Fue mi viaje en el tren de la vida y el fin la estación del amor,
las vías y el sentido las ilusiones del corazón,
y el corazón fue el motor con el que el tren se movía,
yo era vagón, pasajero, el capitán y el guía.

Era toda una aventura cada metro recorrido,
cada obstáculo un motivo para vivir lo vivido;
el viaje fue muy largo, pues siendo un principiante
me dejé llevar por las apariencias de un paisaje exuberante.

Quise parar una vez en la estación más precisa,
quise encontrar el amor en la belleza de una sonrisa,
todo fue muy bonito mientras creaba otra vía,
pero me obligó regresar a la misma el factor hipocresía.

Aun cuando era un fracaso no me daba por vencido
y retomé aquel camino por el que había insistido;
tardó un poco en encontrar mi tren una nueva estación,
pero en ella se ofrecía tan solo la diversión.

Quizás cometí el error de en ella divertirme,
porque llegué a enamorarme y triste empecé a sentirme,
porque ahí no se conocía el amor, más no podían darme,
otra vía se me cerraba y tuve que marcharme.

Un poco desconcertado por los intentos en vano,
tenso y vencido por el frío, me temblaba la mano,
encontré una nueva estación, que en mi fe inspiraba
motivos para encontrar la felicidad que aún no llegaba.

Maravilloso el momento en que la había encontrado,
porque ahí me enseñaron el verdadero significado
de lo que es una amistad, y no quise continuar
para poder quedarme, porque el amor creí encontrar.

Pero después de un tiempo no le encontraba sentido,
porque al fin el objetivo aún no lo había cumplido.
Ese no era el amor, era tan solo amistad,
debía renunciar a ella, para volverlo a intentar.

Y la voz de mi alma me dijo cuando el viaje continué
que había olvidado pasar por una estación que ignoré,
como fallé tantas veces, pensé que debía obedecerle,
sabía que a la distancia ya no podía temerle.

Pero faltando muy poco la ilusión… La vía se rompió,
porque las fuerzas del alma con las que el tren se movió
se habían terminado y el tren se descarriló.
Muy tarde comprendí que era ésa la estación del amor.

Cuando arreglé los detalles y quise recomenzar
supe que de esa estación, el amor ya se había mudado.
Me tomaré mi tiempo para volverlo a intentar,
comprendí que con paciencia pude haberlo logrado.

ÍNDICE

DE ESTACIÓN EN ESTACIÓN   Págs.

PREFACIO	05
EL BUFÓN TAMBIÉN LLORA	07
TU RECUERDO	08
INALCANZABLE	09
MIS NOCHES SIN TI	10
AQUELLA ÚLTIMA PROMESA	11
CREPÚSCULO DE LA VIDA	12
APARECISTE TAN PRONTO	13
SIN CORAZÓN	14
COMA	15
SI FUESE POSIBLE	16
CON EL CORAZÓN EN MIS MANOS	17
AQUÍ ESTARÉ EN TU ESPERA	18
TE AMO	19
HASTA PRONTO	20
ERRORES	21
TODO LO QUE TENGO	22

NUESTRO JUEGO...	23
ÁNGEL, LA QUIERO, PERO DE AMOR NO SE...	24
DADA TU INDIFERENCIA.................................	25
NO FUE ESA MI INTENCIÓN............................	26
SÉ QUE ME NECESITAS....................................	27
QUIERO TENERTE CERCA................................	28
GOTAS DE LLUVIA Y PIEDRAS EN EL CAMINO.........	29
ELLA NO LO DICE, SU CORAZÓN LO HACE............	30
ENAMORADO DE UNA ESTRELLA.....................	31
SIMPLE RELACIÓN...	32
MURIÓ MI ESTRELLA.......................................	33
UNO MÁS DE TUS AMIGOS...............................	34
MI AMOR FUE COMO MARIPOSA......................	35
LA MÁS LINDA POESÍA....................................	36
QUIERO UN ESPACIO MÁS GRANDE EN EL CORAZÓN..	37
NO VI LLEGAR..	38
AZUCENA MÍA..	39
NOCHE INJUSTA...	40
TU SEMBLANTE CUANDO DUERMES................	41
EL ECO DE TU VOZ...	42
GRACIA ANIDADA...	43
MONUMENTO A TU BELLEZA INTERIOR.........	44
INTERFAZ DE INVIERNO..................................	45
SOIS HERMOSAS, VÍSPERAS.............................	46

ODA A LA FALACIA………………………..………...	47
A LA ESPERA DE UNA SONRISA…………………..	48
VERTE DE NUEVO………………………………....	49
RETORNA UN SENTIMIENTO………………….....	50
UNA ESTRELLA MÁS EN EL CIELO……………...	51
ORAJE…………………………………………….....	52
OTRO DÍA MÁS………………………………….....	53
ESE VIEJO CUARTO…………………………….....	54
MUSITACIONES…………………………………....	55
ELLA Y YO……………………………………….....	56
AMIGA…………………………………………….....	57
AQUEL DÍA……………………………………….....	58
HASTA MORIR ENAMORADOS…………………..	59
CHILTOMAS Y CEBOLLAS…………………….....	60
TE ECHO DE MENOS…………………………….....	61
LO SÉ…………………………………………….......	63
¿POR QUÉ LA BESÉ A ELLA?..............................	64
CARIÑO NECIO…………………………………....	65
DETALLES……………………………………….....	66
UNA LINDA CICATRIZ…………………………....	67
TUVE UN SUEÑO…………………………………..	68
EL CIELO DE TUS LABIOS………………………..	69
EN SUSPENSO……………………………………...	70
MENTIRAS……………………………………….....	71
HERIDO COMO TÚ………………………………....	72

ANGUSTIA………………………………………………..	73
TÍMIDO…………………………………………………....	74
ORÁCULO DE LOS SUEÑOS……………………..……..	75
SER NADA………………………………………..	76
UN SUEÑO EN COMÚN………………………………..	77
SOMOS PARTE DE UN MUNDO…………………..…..	78
MÁS QUE UN ENSUEÑO……………………………..	79
INVIERNO………………………………………………..	82
PRIMAVERA……………………………………………..	83
VERANO………………………………………………..	84
OTOÑO……………………………………………….	85
LA ESTACIÓN DEL AMOR……………………….……	86

www.ingramcontent.com/pod-product-compliance
Lightning Source LLC
Chambersburg PA
CBHW071315040426
42444CB00009B/2022